Opowiadania po Francusku

dla Początkujących

Daria Gałek

Spis treści

Wstęp 1

Rady dla Uczących się Czytać Opowiadania po Francusku 3

Chapitre 1: L'Arrivée en Ville / Przyjazd do Miasta 5

Chapitre 2: Épicerie / Sklep Spożywczy 9

Chapitre 3: La Réunion avec les Voisins / Spotkanie z Sąsiadami 13

Chapitre 4: Le Premier Jour de Travail / Pierwszy dzień w Pracy 17

Chapitre 5: Retrouvailles avec des Amis / Spotkanie z Przyjaciółmi 21

Chapitre 6: Une Visite à la Bibliothèque / Wizyta w Bibliotece 25

Chapitre 7: Une Journée à la Plage / Dzień na Plaży 29

Chapitre 8: Le Pique-nique de Marie et sa Famille / Piknik Marie i jej Rodziny...33

Chapitre 9: Célébrer son Anniversaire / Urodziny 37

Chapitre 10: La Visite au Zoo / Wizyta w Zoo 41

Chapitre 11: Le Cours de Yoga / Lekcja Jogi 45

Chapitre 12: L'Aventure au Musée / Przygoda w Muzeum....49

Chapitre 13: Prendre soin de l'Animal de Compagnie d'un Ami / Opieka nad Zwierzakiem Przyjaciela.................53

Chapitre 14: Le Premier Vol / Pierwszy Lot.................57

Chapitre 15: Le Festival de Musique / Festiwal Muzyczny....61

Chapitre 16: La Balade à Vélo / Przejażdżka Rowerowa........65

Chapitre 17: Préparation d'un Repas Spécial / Przygotowanie Wyjątkowego Posiłku.................69

Chapitre 18: Une Excursion en Montagne / Wycieczka w Góry.................73

Chapitre 19: Apprendre à Danser la Salsa / Nauka Salsy.......77

Chapitre 20: Une Journée Pluvieuse à la Maison / Deszczowy Dzień w Domu.................81

Exercices des Chapitres.................85

Solutions 101

Wstęp

"Opowiadania po Francusku dla Początkujących" to zbiór 20 łatwych do przeczytania opowiadań, stworzonych specjalnie dla początkujących uczących się francuskiego. Opowieści są napisane prostym językiem i przedstawiają postacie i sytuacje, z którymi czytelnicy mogą łatwo się utożsamić, co czyni je idealnymi dla osób rozpoczynających naukę tego języka.

Każde opowiadanie zawiera tłumaczenie na język polski oraz ćwiczenia, które pozwalają czytelnikom sprawdzić swoje zrozumienie tekstu i poszerzyć swoją wiedzę o francuskie słownictwo i gramatykę.

Niezależnie od tego czy uczysz się francuskiego po raz pierwszy, czy chcesz poprawić umiejętności czytania i rozumienia ze słuchu, "Opowiadania po Francusku dla Początkujących" to cenne źródło dla wszystkich zainteresowanych nauką języka w sposób zabawny i interesujący.

Rady dla Uczących się Czytać Opowiadania po Francusku

Czytanie opowiadań po francusku może być zarówno przyjemne, jak i bardzo skuteczne w nauce nowego języka. Aby w pełni skorzystać z zawartych w tej książce opowiadań, warto zastosować kilka prostych, ale skutecznych strategii. Oto kilka rad, które mogą Ci pomóc:

1. Czytaj na głos: Czytanie na głos pomaga w poprawie wymowy i płynności. Usłyszysz, jak brzmią słowa i zdania, co jest niezwykle pomocne w nauce języka obcego.

2. Nie bój się popełniać błędów: Nauka nowego języka to proces, w którym popełnianie błędów jest naturalne i nieuniknione. Każdy błąd to okazja do nauki i poprawy.

3. Skup się na zrozumieniu ogólnego sensu: Na początku nie musisz rozumieć każdego słowa. Skoncentruj się na zrozumieniu ogólnego sensu opowiadania. Z czasem zrozumiesz coraz więcej szczegółów.

4. Wykorzystaj tłumaczenie: Każde opowiadanie w tej książce jest przetłumaczone na polski. Korzystaj z tłumaczeń, aby lepiej zrozumieć tekst francuski, ale staraj się najpierw przeczytać oryginalny tekst, zanim spojrzysz na tłumaczenie.

5. Rób notatki: Zapisuj nowe słowa i zwroty, które napotkasz podczas czytania. W ten sposób możesz do nich wracać i utrwalać swoją wiedzę.

6. Uzupełniaj ćwiczenia po każdym opowiadaniu: Ćwiczenia są kluczowym elementem nauki. Rozwiązuj je starannie, aby sprawdzić swoje zrozumienie tekstu i utrwalić nowe słownictwo oraz struktury gramatyczne.

7. Czytaj regularnie: Regularność jest kluczem do sukcesu w nauce języka. Staraj się czytać codziennie, nawet jeśli to tylko kilka minut. Regularne czytanie pomoże Ci stopniowo rozwijać umiejętności językowe.

8. Powtarzaj czytanie: Nie bój się wracać do przeczytanych już opowiadań. Powtarzanie pomoże Ci lepiej zrozumieć tekst i utrwalić nowe słowa oraz struktury gramatyczne.

9. Korzystaj z kontekstu: Jeśli napotkasz trudne słowo, spróbuj zgadnąć jego znaczenie na podstawie kontekstu. To umiejętność, która bardzo przyda Ci się w nauce języka.

10. Miej cierpliwość: Nauka języka to proces, który wymaga czasu. Bądź cierpliwy i konsekwentny, a z pewnością zauważysz postępy.

Pamiętaj, że nauka języka to nie tylko zdobywanie wiedzy, ale także czerpanie radości z odkrywania nowej kultury i sposobów wyrażania się.

Chapitre 1: L'Arrivée en Ville / Przyjazd do Miasta

Marie est une jeune femme qui vient d'arriver en ville en bus depuis son village natal. Elle a vingt-cinq ans et est excitée à l'idée de commencer une nouvelle vie en ville. Elle porte une petite valise et un sac à main alors qu'elle marche dans les rues du centre-ville. Elle se sent un peu perdue et n'est pas sûre d'où aller pour trouver sa nouvelle maison. Soudain, un homme s'approche d'elle et lui sourit.

– Bonjour, je m'appelle Jean. As-tu besoin d'aide? – demanda l'homme avec un sourire.

– Salut! Je m'appelle Marie. Je viens d'arriver en ville et je ne sais pas comment trouver ma nouvelle maison – répondit Marie surprise par l'offre d'aide.

– Ne t'inquiète pas. Où habites-tu? – demanda Jean gentiment.

– J'habite à la rue du Soleil, numéro 23.

– C'est tout près! Il te suffit de continuer sur cette rue et de tourner à droite dans la rue Azul. La rue Mariposa est à deux pâtés de maisons plus loin – expliqua Jean.

– Merci beaucoup! – remercia Marie avec un sourire soulagé.

– De rien. Passe une bonne journée! – dit Jean avant de prendre congé.

Grâce aux indications de Jean, Marie a trouvé le chemin de sa maison sans aucun problème. Elle était excitée de commencer sa nouvelle vie en ville et prévoyait de l'explorer dans les jours à venir.

***

Marie to młoda kobieta, która właśnie przybyła do miasta autobusem ze swojego rodzinnej miejscowości. Ma dwadzieścia pięć lat i jest podekscytowana rozpoczęciem nowego życia w mieście. W dłoni trzyma małą walizkę i torebkę, podczas gdy przechadza się ulicami śródmieścia. Czuje się nieco zagubiona i nie jest pewna, gdzie ma iść, żeby znaleźć swój nowy dom. Nagle mężczyzna podchodzi do niej i się uśmiecha.

– Cześć, nazywam się Jean. Potrzebujesz pomocy? – zapytał mężczyzna z uśmiechem.

– Cześć! Jestem Marie. Właśnie przyjechałam do miasta i nie wiem, jak znaleźć moje nowe mieszkanie. – odpowiedziała Marie zaskoczona propozycją pomocy.

– Nie martw się. Gdzie mieszkasz? – zapytał Jean uprzejmie.

– Mieszkam na ulicy Słonecznej 23.

– To niedaleko! Musisz tylko iść dalej wzdłuż tej ulicy i skręcić w prawo w ulicę Błękitną. Ulica Motylkowa jest dwie przecznice dalej. – wyjaśnił Jean.

– Dziękuję bardzo! – podziękowała Marie z ulgą na twarzy.

– Nie ma sprawy. Miłego dnia! – pożegnał się Jean, zanim oddalił się.

Dzięki wskazówkom od Jean, Marie bez problemu odnalazła drogę do swojego nowego mieszkania. Była podekscytowana rozpoczęciem nowego życia w mieście i planowała je zwiedzać w nadchodzących dniach.

Chapitre 2: Épicerie / Sklep Spożywczy

Marie a décidé de se rendre à l'épicerie pour remplir son réfrigérateur dans son nouvel appartement. Quand elle est arrivée, elle a remarqué que c'était propre et bien rangé. Marie s'est approchée d'un employé qui était en train de remplir les étagères avec des produits.

– Bonjour – dit Marie avec un sourire – Où puis–je trouver les légumes?

– Bonjour – répondit l'employé aimablement – Les légumes se trouvent dans la section à gauche, au bout de l'allée.

– Merci – dit Marie d'une voix amicale – Avez–vous des tomates et des laitues fraîches?

– Oui, nous venons de recevoir une nouvelle livraison ce matin. Elles se trouvent dans la section des légumes frais juste à côté, expliqua l'employé avec enthousiasme.

Marie remercia l'employé et se dirigea vers la section des légumes. Elle remarqua qu'il y avait beaucoup de produits frais et de bonne qualité. Elle prit quelques tomates et laitues fraîches et décida de chercher des fruits.

– J'ai aussi besoin de quelques fruits. Où puis–je les trouver? – demanda Marie avec curiosité.

– Les fruits se trouvent dans la section à droite, juste après les conserves – répondit l'employé.

– Parfait, merci.

Marie trouva une section avec des fruits frais et prit quelques pommes et bannenes pour la semaine. Finalement, Marie apporta ses achats au comptoir de la caisse.

– Ça fera 10 euros au total, s'il vous plaît, dit l'employé d'une voix claire.

– Acceptez–vous les cartes de crédit? demanda Marie avec intérêt.

– Oui, nous acceptons les cartes de crédit et de débit. Vous pouvez également payer en espèces.

– D'accord, merci beaucoup.

Marie paya ses achats avec sa carte de crédit et sortit du magasin, prête à préparer son premier dîner dans sa nouvelle maison.

***

Marie postanowiła udać się do sklepu spożywczego, aby zaopatrzyć lodówkę w swoim nowym mieszkaniu. Kiedy przybyła, zauważyła, że jest czysto i schludnie. Marie podeszła do pracownika, który uzupełniał produkty na półkach.

– Dzień dobry. – przywitała się Marie z uśmiechem. – Gdzie mogę znaleźć warzywa?

– Dzień dobry. – odpowiedział pracownik uprzejmie. – Warzywa znajdują się w sekcji po lewej stronie, na końcu korytarza.

– Dziękuję. – podziękowała Marie przyjaznym tonem. – Macie świeże pomidory i sałatę?

– Tak, właśnie dostaliśmy dzisiaj rano nową dostawę. Są w sekcji ze świeżymi warzywami tuż obok. – wyjaśnił pracownik z entuzjazmem.

Marie podziękowała pracownikowi i skierowała się do sekcji warzyw. Zauważyła wiele świeżych i wysokiej jakości produktów. Wzięła kilka pomidorów i świeżej sałaty, a następnie postanowiła poszukać owoców.

– Potrzebuję także kilka owoców. Gdzie mogę je znaleźć? – zapytała ciekawa Marie.

– Owoce znajdują się w sekcji po prawej stronie, zaraz po produktach w puszkach.

– Doskonale, dziękuję.

Marie odnalazła sekcję ze świeżymi owocami i wzięła kilka jabłek oraz bananów na cały tydzień. W końcu Marie przyniosła swoje zakupy do kasy.

– To będzie 10 euro razem, proszę. – powiedział pracownik wyraźnym głosem.

– Akceptujecie karty kredytowe? – zainteresowała się Marie.

– Tak, akceptujemy karty kredytowe i debetowe. Możesz również zapłacić gotówką.

– Dobrze, dziękuję bardzo.

Marie zapłaciła za swoje zakupy kartą kredytową i wyszła ze sklepu, gotowa przygotować swój pierwszy posiłek w swoim nowym domu.

Chapitre 3: La Réunion avec les Voisins / Spotkanie z Sąsiadami

Un jour, Marie reçut une invitation de ses voisins pour assister à une réunion dans l'immeuble. Elle était excitée de rencontrer ses voisins et d'en apprendre davantage sur la communauté. La réunion était prévue pour le samedi après-midi dans la salle commune de l'immeuble.

Marie arriva dans la salle commune et fut surprise de voir autant de monde là-bas. Elle s'approcha d'un groupe de personnes qui discutaient et se présenta.

– Bonjour! Je m'appelle Nathan. Tu es la nouvelle locataire? – demanda l'un des voisins.

– Oui, c'est ça. Je m'appelle Marie et je viens de déménager ici il y a quelques jours – répondit-elle.

– Bienvenue dans la communauté! Je m'appelle Emma. Est-ce que tu te plais ici? – demanda l'autre voisin.

– Je suis ravie d'être ici. J'adore l'immeuble et l'emplacement est parfait pour moi.

– Je suis content d'entendre ça. Tu apprécies la ville jusqu'à présent? – demanda le troisième voisin.

– Oui, j'explore beaucoup.

La réunion commença par un discours du président de l'association. Il parla des prochains événements. Plusieurs sujets concernant la rénovation de l'immeuble furent également discutés.

Marie se sentait à l'aise avec ses voisins et était enthousiaste d'entendre parler des activités et des événements prévus. Elle était heureuse d'avoir assisté à la réunion et se sentait plus connectée à la communauté.

***

Pewnego dnia Marie otrzymała zaproszenie od sąsiadów do udziału w spotkaniu w budynku. Była podekscytowana możliwością poznania sąsiadów oraz dowiedzenia się więcej o społeczności. Spotkanie miało odbyć się w sobotnie popołudnie w wspólnym pomieszczeniu budynku.

Marie dotarła do wspólnego pomieszczenia i była zaskoczona, widząc tam tyle osób. Podeszła do grupy ludzi, którzy rozmawiali i przedstawiła się.

– Cześć! Nazywam się Nathan. Jesteś nową lokatorką? – zapytał jeden z sąsiadów.

– Tak, dokładnie. Jestem Marie i właśnie przeprowadziłam się tutaj kilka dni temu. – odpowiedziała.

– Witaj w społeczności! Ja jestem Emma. Czy podoba ci się tutaj? – zapytała druga sąsiadka.

– Jestem bardzo podekscytowana, że jestem tutaj. Uwielbiam ten budynek, a lokalizacja jest dla mnie idealna.

– Miło to słyszeć. Cieszysz się miastem do tej pory? – zapytał trzeci sąsiad.

– Tak, dużo zwiedzam.

Spotkanie rozpoczęło się od przemówienia prezesa stowarzyszenia. Mówił o przyszłych wydarzeniach. Omówione zostały różne kwestie związane z modernizacją budynku.

Marie poczuła się swobodnie wśród swoich sąsiadów i była podekscytowana słuchając o planowanych aktywnościach i wydarzeniach. Była szczęśliwa, że wzięła udział w spotkaniu i poczuła więź z lokalną społecznością.

Chapitre 4: Le Premier Jour de Travail / Pierwszy dzień w Pracy

Marie était excitée pour son premier jour de travail dans la nouvelle entreprise. Elle est arrivée tôt au bureau et a rencontré son chef, David.

– Bonjour, Marie! Je suis content que tu sois arrivée tôt – dit David – Es–tu prête pour commencer ton premier jour de travail?

– Bonjour, David. Oui, je suis très excitée de commencer.

– Super. Je vais te montrer notre bureau.

David a emmené Marie à travers le bureau et lui a montré où se trouvaient les différents espaces et départements. Ils sont ensuite arrivés au poste de travail de Marie.

– C'est ici que tu travailleras – dit David – Comme tu peux le voir, tu as ton propre ordinateur et téléphone. Maintenant, je vais te présenter à l'équipe.

David a présenté Marie à chacun de ses nouveaux collègues, y compris à son coéquipier, Sébastien.

– Marie, voici Sébastien, ton coéquipier – dit David.

– Bonjour, Marie – lui dit Sébastien avec un sourire – Enchanté de te rencontrer.

– Bonjour, Sébastien. Je suis ravie de travailler avec toi – répondit Marie.

– Génial! – dit David – Maintenant, tu peux commencer à travailler. Sébastien t'aidera avec les documents les plus importants. Bienvenue dans notre équipe!

Après avoir rencontré son équipe, Marie s'est assise à son bureau et a commencé à se familiariser avec son travail. Sébastien lui a gentiment montré les documents les plus importants. Marie était excitée par les possibilités qui l'attendaient dans son nouveau travail. Elle sentait qu'elle avait pris la bonne décision en commençant à travailler pour cette entreprise. Après le travail, elle rentrait chez elle pour se reposer.

***

Marie była podekscytowana swoim pierwszym dniem w nowej firmie. Przybyła do biura wcześnie i spotkała się ze swoim szefem, Davidem.

– Cześć, Marie! Cieszę się, że jesteś tu wcześnie. – powiedział David – Jesteś gotowa rozpocząć swój pierwszy dzień w pracy?

– Cześć, David. Tak, jestem bardzo podekscytowana.

– Świetnie. Pokażę ci nasze biuro.

David poprowadził Marie po biurze i pokazał, gdzie znajdują się różne działy. Następnie dotarli do stanowiska pracy Marie.

– Tutaj będziesz pracować – powiedział David – Jak widzisz, masz swój komputer i telefon. Teraz przedstawię cię zespołowi.

David przedstawił Marie każdemu z jej nowych kolegów z pracy, włączając w to jej partnera z zespołu, Sébastien.

– Marie, to jest Sébastien, twój partner z zespołu. – powiedział David.

– Cześć, Marie – powiedział Sébastien z uśmiechem – Miło cię poznać.

– Cześć, Sébastien. Jestem podekscytowana pracą z tobą. – odpowiedziała Marie.

– Świetnie! – powiedział David – Teraz możesz zacząć pracę. Sébastien pomoże ci z najważniejszymi dokumentami. Witaj w naszym zespole!

Po spotkaniu z zespołem Marie usiadła przy biurku i zaczęła uczyć się swojej pracy. Sébastien miło pokazał jej najważniejsze dokumenty. Marie była podekscytowana możliwościami, które ją czekały w nowej pracy. Czuła, że dokonała właściwej decyzji, podejmując pracę w tej firmie. Po skończonej pracy poszła odpocząć do domu.

Chapitre 5: Retrouvailles avec des Amis / Spotkanie z Przyjaciółmi

Marie retrouva ses amis pour prendre un café dans un café du centre-ville. Elle était excitée car elle n'avait pas vu ses amis depuis longtemps et voulait partager avec eux ses nouvelles expériences de travail.

Après s'être salués et avoir commandé du café, Marie entama la conversation:

– Comment ça va? Cela fait longtemps que nous ne nous sommes pas vus!

– Bien, bien – répondit son ami Manuel – Oui, c'est vrai, cela fait longtemps que nous ne nous sommes pas vus.

– Oui, depuis que j'ai commencé à travailler dans la nouvelle entreprise, je n'ai pas eu beaucoup de temps pour sortir.

– Et comment ça se passe au travail? Tu aimes ton nouveau travail? – demanda une autre amie, Angèle.

– Oui, j'aime beaucoup. Je travaille avec des gens très sympathiques et j'apprends beaucoup de nouvelles choses.

– Et que fais-tu pendant ton temps libre? As-tu de nouveaux centres d'intérêt? – dit Manuel.

– Oui, j'ai récemment commencé à apprendre l'espagnol. J'aime beaucoup ça et je veux voyager à Barcelona à l'avenir.

Après un moment de conversation, Marie remarqua qu'une de ses amies semblait préoccupée.

– Qu'est-ce qui se passe? – demanda Marie à Angèle – Tu as l'air préoccupée.

– Oui, je suis en train de planifier des vacances et je ne sais pas où aller. Je n'ai pas d'idées, répondit-elle tristement.

– Veux-tu venir avec moi en Espagne?

– Vraiment? Bien sûr, je serais ravie! – s'exclama Angèle avec un sourire.

Après le café, Marie se sentit heureuse et détendue. Elle était contente d'avoir pu retrouver ses amis et de partager ses expériences.

***

Marie spotkała się ze swoimi przyjaciółmi, by napić się kawy w kawiarni w centrum miasta. Była podekscytowana, ponieważ dawno nie widziała swoich przyjaciół i chciała podzielić się z nimi swoimi nowymi doświadczeniami z pracy.

Po przywitaniu się i zamówieniu kawy, Marie rozpoczęła rozmowę:

– Jak się macie? Długo się nie widzieliśmy!

– Dobrze, dobrze. – odpowiedział jej przyjaciel Manuel – Tak, to prawda, już dłuższy czas się nie widzieliśmy.

– Tak, od kiedy zaczęłam pracować w nowej firmie, nie miałam zbyt wiele czasu na wychodzenie.

– A jak ci idzie w pracy? Podoba ci się twoja nowa praca? – zapytała inna przyjaciółka, Angèle.

– Tak, bardzo mi się podoba. Pracuję z bardzo miłymi ludźmi i uczę się wielu nowych rzeczy.

– A co robisz w wolnym czasie? Masz jakieś nowe zainteresowania? – powiedział Manuel.

– Tak, niedawno zaczęłam uczyć się hiszpańskiego. Bardzo mi się to podoba i chciałabym w przyszłości podróżować do Barcelony.

Po chwili rozmowy Marie zauważyła, że jedna z jej przyjaciółek wydaje się zmartwiona.

– Co się dzieje? – zapytała Marie Angèle – Wydajesz się zmartwiona.

– Tak, w tej chwili planuję wakacje i nie wiem, dokąd pojechać. Nie mam pomysłów. – odpowiedziała z przygnębieniem.

– Chcesz ze mną przyjechać do Hiszpanii?

– Naprawdę? Oczywiście, byłabym szczęśliwa! – krzyknęła Angèle z uśmiechem.

Po kawie Marie czuła się szczęśliwa i zrelaksowana. Była zadowolona, że mogła spotkać się ze swoimi przyjaciółmi i podzielić się swoimi doświadczeniami.

Chapitre 6: Une Visite à la Bibliothèque / Wizyta w Bibliotece

Marie décida de visiter la bibliothèque pour trouver des livres afin d'en apprendre davantage sur son nouveau travail. Lorsqu'elle arriva à la bibliothèque, elle se dirigea vers la section des affaires et commença à chercher des livres.

Soudain, le bibliothécaire s'approcha d'elle et lui demanda:

– Bonjour, je m'appelle Paul. As–tu besoin d'aide pour trouver un livre?

– Oui, je recherche des livres sur les finances et les affaires, répondit Marie.

– Ah, je peux t'aider avec ça. As–tu trouvé des livres intéressants?

– Oui, j'ai trouvé quelques livres, mais je ne suis pas sûre s'ils sont adaptés. Pourrais–tu y jeter un coup d'œil?

– Bien sûr. Laisse–moi voir. Ah, voici un bon livre sur les finances personnelles. Et celui–ci parle des affaires internationales. Je pense qu'ils te seront utiles.

– Merci beaucoup. C'est exactement ce que je cherchais.

Après avoir sélectionné les livres, Marie s'assit à une table et commença à lire l'un d'entre eux. Soudain, un autre homme s'approcha d'elle et lui demanda:

– Bonjour, tu lis ce livre sur les finances personnelles ? C'est un excellent livre, tu ne trouves pas ?

– Oui, c'est vrai. J'apprends beaucoup.

– Au fait, je m'appelle Gabriel. Je travaille dans une entreprise d'investissement. Si jamais tu as besoin de conseils financiers, n'hésite pas à me demander.

– Merci, Gabriel. J'aimerais bien écouter tes conseils à l'avenir.

Marie était reconnaissante de l'aide qu'elle recevait de Paul et de Gabriel. Lorsqu'il a finalement trouvé les livres qu'il cherchait, il a décidé de les emprunter et de les lire dans le confort de sa maison.

***

Marie postanowiła odwiedzić bibliotekę, aby znaleźć kilka książek, które pomogą jej pogłębić wiedzę na temat jej nowej pracy. Kiedy dotarła do biblioteki, udała się do sekcji związanej z ekonomią i zaczęła przeszukiwać książki.

Nagle bibliotekarz podeszła do niej i zapytał:

– Cześć, nazywam się Paul, potrzebujesz pomocy ze znalezieniem jakiejś książki?

– Tak, szukam książek na temat finansów i ekonomii. – odpowiedziała Marie.

– Ah, mogę ci w tym pomóc. Znalazłaś jakieś interesujące książki?

– Tak, znalazłam kilka książek, ale nie jestem pewna, czy to właściwe tytuły. Czy mógłbyś na nie spojrzeć?

– Oczywiście. Daj mi zobaczyć. Ah, to jest dobra książka o finansach osobistych. A ta inna dotyczy spraw międzynarodowych. Myślę, że będą dla ciebie pomocne.

– Bardzo dziękuję. To dokładnie to, czego szukałam.

Po wybraniu książek Marie usiadła przy stole i zaczęła czytać jedną z nich. Nagle inny mężczyzna podszedł do niej i zapytał:

– Cześć, czytasz tę książkę o finansach osobistych? To naprawdę świetna książka, nie sądzisz?

– Tak, to prawda. Dowiedziałam się już bardzo dużo.

– Mam na imię Gabriel, swoją drogą. Pracuję w firmie inwestycyjnej. Jeśli w przyszłości będziesz potrzebować jakiejś rady finansowej, śmiało pytaj.

– Dziękuję, Gabrielu. Będzie mi miło skorzystać z twojej wiedzy w przyszłości.

Marie była wdzięczna za pomoc, jaką otrzymała od Paula i Gabriela. Gdy w końcu odnalazła poszukiwane książki, postanowiła je pożyczyć i przeczytać w zaciszu swojego domu.

Chapitre 7: Une Journée à la Plage / Dzień na Plaży

Marie se réveilla tôt pour profiter d'une journée à la plage. C'était une journée ensoleillée et parfaite pour bronzer et nager dans la mer. Elle mit son maillot de bain, prit une serviette et sortit de chez elle en direction de la plage. Cependant, une fois arrivée là–bas, elle se rendit compte qu'elle avait oublié ses lunettes de soleil à la maison.

– Oh là là! J'ai oublié mes lunettes de soleil à la maison! – se lamenta Marie.

À ce moment–là, un garçon s'approcha d'elle et lui offrit une paire de lunettes de soleil.

– Bonjour, as–tu besoin d'aide? Je m'appelle Michel. – dit le garçon.

– Bonjour! Je m'appelle Marie. Je viens d'arriver à la plage et je viens de réaliser que j'ai oublié mes lunettes de soleil à la maison. – répondit Marie, surprise par cette offre d'aide.

– Ne t'inquiète pas, j'ai une paire de lunettes de soleil que tu peux utiliser pendant que tu es ici. – dit Michel avec un sourire.

– Merci beaucoup! – remercia Marie, soulagée et souriante.

– De rien, j'espère que tu en profiteras. – dit Michel avant de prendre congé.

Marie passa la journée à la plage en prenant le soleil, en lisant un livre et en nageant dans la mer. Quand le soleil commença à se coucher, elle décida qu'il était temps de rentrer chez elle.

– Quelle merveilleuse journée! – se dit–elle à elle–même en marchant de retour chez elle.

Après avoir passé la journée à la plage, Marie se sentait complètement détendue et rajeunie. Elle était également reconnaissante pour la gentillesse de Michel, qui lui avait offert ses lunettes de soleil et avait rendu sa journée bien plus confortable.

***

Marie wstała wcześnie, aby cieszyć się dniem na plaży. Był to słoneczny dzień i idealny moment na opalanie i pływanie w morzu. Założyła kostium kąpielowy, wzięła ręcznik i wyszła z domu, kierując się w stronę plaży. Jednak kiedy tam dotarła, zdala sobie sprawę, że zapomniała okularów przeciwsłonecznych w domu.

– O nie! Zapomniałam okularów przeciwsłonecznych w domu! – skarżyła się Marie.

W tym momencie do niej podszedł chłopak i zaoferował jej parę okularów przeciwsłonecznych.

– Cześć, czy potrzebujesz pomocy? Nazywam się Michel. – powiedział chłopak.

– Cześć! Jestem Marie. Właśnie przyjechałam na plażę i zdałam sobie sprawę, że zapomniałam okularów

30

przeciwsłonecznych w domu. – odpowiedziała Marie zaskoczona ofertą pomocy.

– Nie martw się, mam parę okularów przeciwsłonecznych, które możesz użyć. – powiedział Michel z uśmiechem.

– Dziękuję bardzo! – podziękowała Marie z ulgą na twarzy.

– Nie ma sprawy, mam nadzieję, że się przydadzą. – powiedział Michel, zanim się oddalił.

Marie spędziła dzień na plaży opalając się, czytając książkę i pływając w morzu. Kiedy słońce zaczęło zachodzić, stwierdziła, że pora wracać do domu.

– Co za wspaniały dzień! – pomyślała sobie, wracając do domu.

Po spędzeniu dnia na plaży Marie czuła się całkowicie zrelaksowana i odmłodzona. Była także wdzięczna za uprzejmość Michelowi, który zaoferował jej swoje okulary przeciwsłoneczne i uczynił jej dzień znacznie bardziej komfortowym.

Chapitre 8: Le Pique-nique de Marie et sa Famille / Piknik Marie i jej Rodziny

Marie et sa famille ont décidé de faire un pique-nique au parc. La maman de Marie a préparé des sandwiches au jambon et au fromage, et son papa a apporté des pommes et des bouteilles d'eau.

Marie était excitée car elle adorait passer du temps en plein air. Ils se sont assis sur une couverture et ont commencé à manger.

– C'est délicieux! – dit Marie en mastiquant un sandwich.

– Je suis contente que ça te plaise, Marie – répondit sa maman avec un sourire.

Pendant qu'ils mangeaient, Marie a vu un enfant jouer avec son chien.

– Quel joli chien! – s'exclama Marie.

– Oui, il est très joueur. – dit son papa.

Après avoir mangé, Marie a décidé qu'elle voulait jouer avec le chien.

– Penses-tu que je pourrais jouer avec lui, papa? – demanda Marie.

– Tu dois demander au garçon. – répondit papa.

Marie s'est approchée du propriétaire du chien et lui a demandé si elle pouvait jouer avec lui. Le propriétaire a acquiescé et Marie a commencé à jouer avec le chien.

– Ce chien est très amusant! – dit Marie alors que le chien sautait et remuait la queue.

Après avoir joué un moment, Marie et sa famille ont rangé leurs affaires et sont rentrés chez eux, emportant avec eux les souvenirs spéciaux d'une journée amusante avec des rires, de la délicieuse nourriture et des moments partagés au parc.

***

Marie i jej rodzina postanowili zorganizować piknik w parku. Mama Marie przygotowała kanapki z szynką i serem, a tata przyniósł jabłka i butelki wody.

Marie była podekscytowana, ponieważ uwielbiała spędzać czas na świeżym powietrzu. Usiedli na kocyku i zaczęli jeść.

– To naprawdę pyszne! – powiedziała Marie, przeżuwając kanapkę.

– Cieszę się, że ci smakuje, Marie – odpowiedziała mama z uśmiechem.

Podczas jedzenia Marie zobaczyła chłopca, który bawił się ze swoim psem.

– Jaki piękny pies! – zawołała Marie.

– Tak, jest bardzo psotny – powiedział tata.

Po zjedzeniu, Marie postanowiła, że chce pobawić się z psem.

– Myślisz, że mogę się z nim pobawić, tato? – zapytała Marie.

– Musisz zapytać chłopca. – odpowiedział tata.

Marie podeszła do właściciela psa i zapytała go, czy mogłaby się pobawić z psem. Właściciel się zgodził, i Marie zaczęła się bawić z psem.

– Ten pies naprawdę jest zabawny! – powiedziała Marie, gdy pies skakał i machał ogonem.

Po zabawie Marie i jej rodzina spakowali swoje rzeczy i wrócili do domu, zabierając ze sobą wspomnienia z zabawnego dnia pełnego uśmiechu, pysznego jedzenia i chwilami spędzonymi razem w parku.

Chapitre 9: Célébrer son Anniversaire / Urodziny

Marie était très excitée car c'était son anniversaire aujourd'hui et sa meilleure amie, Anne, lui avait préparé une surprise spéciale. Anne lui avait dit de se retrouver dans un parc voisin pour célébrer ensemble.

Quand Marie arriva au parc, elle vit qu'Anne avait préparé une petite fête surprise avec des ballons et un délicieux gâteau au chocolat.

– Joyeux anniversaire, Marie! – dit Anne avec enthousiasme en lui donnant un cadeau.

– Merci beaucoup, Anne! Je n'arrive pas à croire que tu aies fait tout cela pour moi.

Après avoir mangé un morceau de gâteau et ouvert son cadeau, Marie décida qu'elle voulait jouer dans le parc.

– Veux–tu jouer au ballon, Anne? – demanda Marie.

– Bien sûr! Allons jouer.

Marie et Anne commencèrent à jouer au ballon tout en riant et en profitant de la belle journée.

– Oh, Anne, tu m'as presque touchée avec le ballon! – s'exclama Marie surprise.

– Hahaha, désolée, Marie. – répondit Anne en riant – J'essaierai d'avoir une meilleure précision!

Après avoir joué, Marie et Anne s'assirent dans l'herbe pour se reposer et parler de la belle journée qu'elles avaient passée. Elles réalisèrent à quel point elles étaient chanceuses d'être des amies spéciales et de pouvoir célébrer ensemble. Marie souffla les bougies de son gâteau une fois de plus, souhaitant que leur amitié avec Anne reste toujours forte et remplie de bonheur dans le futur.

***

Marie była bardzo podekscytowana, ponieważ dzisiaj były jej urodziny, a jej najlepsza przyjaciółka, Anne, przygotowała dla niej specjalną niespodziankę. Anne powiedziała jej, że mają się spotkać w pobliskim parku, aby wspólnie świętować.

Kiedy Marie dotarła do parku, zobaczyła, że przyjaciółka przygotowała małą, niespodziewaną imprezę z balonami i pysznym czekoladowym tortem.

– Wszystkiego najlepszego z okazji urodzin, Marie! – powiedziała Anne podekscytowana, wręczając jej prezent.

– Dziękuję bardzo, Anne! Nie mogę uwierzyć, że zrobiłaś to wszystko dla mnie.

Po zjedzeniu kawałka tortu i otwarciu prezentu, Marie postanowiła, że chce pobawić się na placu zabaw.

– Chcesz zagrać w piłkę, Anne? – zapytała Marie.

– Oczywiście! Chodźmy pograć.

Marie i Anne zaczęły grać w piłkę, śmiejąc się i ciesząc się pięknym dniem.

– O, Anne, prawie trafiłaś mnie piłką! – wykrzyknęła Marie zaskoczona.

– Hahaha, przepraszam, Marie. – odpowiedziała Anne, śmiejąc się – Postaram się mieć lepszy cel!

Po grze Marie i Anne usiadły na trawie, by odpocząć i porozmawiać o tym, jak cudowny był ten dzień. Zdały sobie sprawę, jak szczęśliwe są, że są przyjaciółkami i że mogą razem świętować. Marie zdmuchnęła świeczki na swoim torcie, życząc sobie, żeby jej przyjaźń z Anną była zawsze silna i pełna radości w przyszłości.

Chapitre 10: La Visite au Zoo / Wizyta w Zoo

Marie et sa famille ont décidé d'emmener sa jeune cousine en excursion au zoo. La petite fille était excitée car elle n'y avait jamais été auparavant et adorait les animaux.

Lorsqu'elles sont arrivées, elles ont acheté les billets et ont commencé à explorer le zoo. Elles ont vu des lions, des girafes, des singes et de nombreux autres animaux intéressants.

La cousine était particulièrement excitée de voir les pingouins. Elle adorait les voir glisser dans l'eau et marcher maladroitement sur la glace.

Pendant qu'elles regardaient les pingouins, la cousine a remarqué qu'un des gardiens du zoo entrait dans l'enclos des pingouins avec un seau de poisson.

– Marie, pourquoi le gardien donne des poissons aux pingouins? – demanda la cousine en pointant le gardien.

– Les pingouins doivent être nourris régulièrement pour rester en bonne santé – répondit Marie. – Ils mangent principalement du poisson.

La cousine observait attentivement le gardien distribuer les poissons. Elle remarqua que les pingouins se bousculaient joyeusement pour attraper leur repas.

– Regarde comme ils sont contents! – s'exclama-t-elle, ravie de voir les pingouins si actifs.

Après que tous les pingouins eurent mangé, le gardien se dirigea vers la sortie de l'enclos. La cousine se demanda ce que cela ferait de travailler avec des animaux tous les jours.

– Marie, est-ce que je pourrais devenir gardienne de zoo quand je serai grande ? – demanda-t-elle avec enthousiasme.

– Bien sûr, si c'est ce que tu veux faire. Tu devras beaucoup étudier et apprendre sur les animaux – répondit Marie en souriant.

La cousine se sentait inspirée par sa journée au zoo et décida qu'elle allait en apprendre davantage sur les animaux.

***

Marie i jej rodzina postanowili zabrać swoją młodą kuzynkę na wycieczkę do zoo. Mała dziewczynka była podekscytowana, ponieważ nigdy wcześniej tam nie była i uwielbiała zwierzęta.

Kiedy dotarli na miejsce, kupili bilety i zaczęli zwiedzać zoo. Zobaczyli lwy, żyrafy, małpy i wiele innych interesujących zwierząt.

Kuzynka była szczególnie podekscytowana, widząc pingwiny. Uwielbiała patrzeć, jak ślizgają się w wodzie i niezdarnie chodzą po lodzie.

Podczas gdy obserwowały pingwiny, kuzynka zauważyła, że jeden z opiekunów zoo wszedł do wybiegu z wiadrem pełnym ryb.

– Marie, dlaczego opiekun daje ryby pingwinom? – zapytała kuzynka, wskazując na opiekuna.

– Pingwiny muszą być regularnie karmione, aby pozostać zdrowymi – odpowiedziała Marie. – Jedzą głównie ryby.

Kuzynka uważnie obserwowała, jak opiekun rozdaje ryby. Zauważyła, że pingwiny radośnie się przepychają, aby złapać swoje jedzenie.

– Zobacz, jakie są szczęśliwe! – wykrzyknęła z radością, widząc tak aktywne pingwiny.

Po tym, jak wszystkie pingwiny zjadły, opiekun skierował się w stronę wyjścia z wybiegu. Kuzynka zastanawiała się, jak to by było pracować ze zwierzętami codziennie.

– Marie, czy mogłabym zostać opiekunką zoo, gdy dorosnę? – zapytała z entuzjazmem.

– Oczywiście, jeśli to jest to, co chcesz robić. Będziesz musiała dużo się uczyć i zdobywać wiedzę o zwierzętach – odpowiedziała Marie z uśmiechem.

Kuzynka była zainspirowana swoim dniem w zoo i postanowiła, że dowie się więcej o zwierzętach.

Chapitre 11 : Le Cours de Yoga / Lekcja Jogi

Marie voulait trouver un moyen de se détendre après une journée de travail stressante, alors elle décida de suivre un cours de yoga dans sa salle de sport locale. Quand elle arriva, elle se joignit à un groupe de personnes qui étaient déjà en train de faire des étirements et de méditer.

Marie trouva le cours de yoga très relaxant et commença à l'apprécier. Mais quand l'instructeur lui demanda de faire une posture compliquée, elle se sentit un peu incertaine.

– Je ne suis pas sûre de pouvoir faire ça – dit Marie.

– Ne t'inquiète pas, Marie. Tu peux essayer. Si tu n'y arrives pas, fais simplement de ton mieux – répondit l'instructeur avec un sourire.

Marie fit de son mieux et réussit finalement à faire la posture. Elle se sentit très fière d'elle-même et reconnaissante pour la patience de l'instructeur.

Après le cours, Marie s'approcha de l'instructeur et lui demanda s'il y avait un moyen de pratiquer le yoga à la maison.

Oui, il y a beaucoup de vidéos de yoga en ligne que tu peux suivre chez toi. Tu peux aussi acheter un tapis de yoga et pratiquer dans ton salon.

– Merci pour le conseil. Je vais certainement essayer – dit Marie en prenant congé de l'instructeur.

Quand elle rentra chez elle, Marie chercha des vidéos de yoga en ligne et commença à les suivre. Elle découvrit que pratiquer le yoga à la maison était très pratique et relaxant.

***

Marie chciała znaleźć sposób na relaks po stresującym dniu pracy, dlatego zdecydowała się wziąć udział w lekcji jogi w swojej lokalnej siłowni. Kiedy przybyła, dołączyła do grupy osób, które już wykonywały rozciąganie i medytację.

Marie uznała lekcję jogi za bardzo relaksującą i zaczęła się nią cieszyć. Ale kiedy instruktor poprosił ją o wykonanie skomplikowanej pozycji, poczuła się trochę niepewnie.

– Nie jestem pewna, czy dam radę. – powiedziała Marie.

– Nie martw się, Marie, spróbuj. Jeśli ci się nie uda, po prostu zrób tak jak potrafisz. – odpowiedział instruktor z uśmiechem.

Marie się zaangażowała i ostatecznie udało jej się wykonać pozycję. Poczuła się bardzo dumna i była wdzięczna za cierpliwość instruktora.

Po lekcji Marie podeszła do instruktora i zapytała, czy istnieje sposób, aby ćwiczyć jogę w domu.

– Tak, jest wiele filmów z jogą dostępnych online, które może oglądać w domu. Możesz także kupić matę do jogi i ćwiczyć w swoim salonie.

– Dziękuję za radę. Na pewno spróbuję. – powiedziała Marie, żegnając się z instruktorem.

Gdy dotarła do domu, Marie poszukała filmów z jogą online i zaczęła je oglądać. Odkryła, że praktykowanie jogi w domu jest bardzo wygodne i relaksujące.

Chapitre 12: L'Aventure au Musée / Przygoda w Muzeum

Un jour, Marie décida de visiter le musée de sa ville pour découvrir des choses intéressantes. Elle revêtit des vêtements confortables, prit son sac à dos et se dirigea vers le musée avec enthousiasme.

Arrivée au musée, Marie fut émerveillée par l'immense entrée et les magnifiques sculptures qui ornaient les lieux. Elle entra dans le musée et se dirigea vers le comptoir d'information.

– Bonjour! Pouvez–vous me donner des informations sur les expositions? – demanda Marie avec enthousiasme.

– Bonjour! Bien sûr, nous avons différentes salles d'expositions d'art, d'histoire et de science. Que souhaiteriez–vous explorer en premier? – répondit aimablement l'employé.

– J'aimerais commencer par la salle d'art. Où puis–je la trouver? – demanda Marie avec curiosité.

– La salle d'art se trouve au deuxième étage. Vous devez simplement monter les escaliers et tourner à gauche – expliqua l'employé.

– Merci pour les informations! – remercia Marie avec un sourire.

Marie monta les escaliers et pénétra dans la salle d'art. Elle s'arrêta devant un tableau et commença à l'admirer. À ce moment–là, un enfant nommé Nicolas s'approcha d'elle.

– Salut, est–ce que cette peinture te plaît? – demanda Nicolas avec curiosité.

– Salut! Oui, j'adore. Les couleurs sont très belles – répondit Marie avec enthousiasme.

– Sais–tu quoi? Ma maman est artiste et elle m'a beaucoup appris sur la peinture. Je peux te parler davantage de cette œuvre si tu veux – proposa gentiment Nicolas.

– Bien sûr! J'aimerais beaucoup en savoir plus – dit Marie avec enthousiasme.

Nicolas commença à lui expliquer les détails de la peinture et partagea quelques informations intéressantes sur l'artiste. Marie était ravie d'apprendre de nouvelles choses. Finalement, elle remercia Nicolas pour son aide et poursuivit son aventure au musée.

***

Pewnego dnia Marie postanowiła odwiedzić muzeum w swoim mieście, żeby odkryć ciekawe rzeczy. Założyła wygodne ubrania, wzięła plecak i z ekscytacją udała się do muzeum.

Kiedy dotarła na miejsce, Marie była zdumiona ogromnym wejściem i pięknymi rzeźbami, które zdobiły to miejsce. Weszła do muzeum i podeszła do punktu informacyjnego.

– Cześć! Czy mogłabym dostać informacje o wystawach? – zapytała Marie z entuzjazmem.

– Cześć! Oczywiście, mamy różne sale z wystawami sztuki, historii i nauki. Co chciałabyś zobaczyć najpierw? – odpowiedział pracownik serdecznie.

– Chciałabym zacząć od sali ze sztuką. Gdzie mogę ją znaleźć? – zapytała Marie ciekawie.

– Sala ze sztuką znajduje się na drugim piętrze. Wystarczy wejść po schodach i skręcić w lewo. – wyjaśnił pracownik.

– Dziękuję za informacje! – podziękowała Marie z uśmiechem.

Marie weszła na górę i zanurzyła się w sali ze sztuką. Zatrzymała się przed jednym z obrazów i zaczęła go podziwiać. Wtedy podszedł do niej chłopak o imieniu Nicolas.

– Cześć, podoba ci się ten obraz? – zapytał Nicolas ciekawy.

– Cześć! Tak, bardzo mi się podoba. Kolory są przepiękne – odpowiedziała Marie podekscytowana.

– Wiesz co? Moja mama jest artystką i nauczyła mnie wiele o malarstwie. Mogę ci więcej powiedzieć o tej pracy, jeśli chcesz – zaproponował Nicolas uprzejmie.

– Oczywiście! Bardzo chętnie posłucham więcej – powiedziała Marie z entuzjazmem.

Nicolas zaczął tłumaczyć szczegóły obrazu i podzielił się kilkoma ciekawostkami o artyście. Marie była oczarowana nowymi informacjami. Na koniec podziękowała Nicolasowi za pomoc i kontynuowała swoją przygodę w muzeum.

Chapitre 13: Prendre soin de l'Animal de Compagnie d'un Ami / Opieka nad Zwierzakiem Przyjaciela

Marie était une enfant responsable et amoureuse des animaux. Un jour, son ami Daniel lui demanda un service très important.

– Salut, Marie! Je dois quitter la ville et j'ai besoin que tu prennes soin de mon chat, Thomas. Pourrais–tu le faire? – demanda Daniel.

– Salut, Daniel! Bien sûr, j'adorerais prendre soin de Thomas. Je sais à quel point il est important pour toi – répondit Marie.

Marie est arrivée chez Daniel et a trouvé Thomas qui l'attendait dans le salon. Après s'être assurée qu'il avait de la nourriture, de l'eau et des jouets, Marie s'est occupée de lui pendant plusieurs jours. Elle l'a aussi emmené au parc où Thomas a joué avec d'autres chats et a profité de l'air frais. Marie et Thomas devinrent amis et s'amusèrent ensemble.

À la fin de la semaine, Daniel revint et Marie lui raconta toutes les aventures qu'elle avait eues avec Thomas.

– Merci, Marie! Je suis ravi de savoir que Thomas était entre de bonnes mains. Tu es une grande amie – dit Daniel reconnaissant.

– De rien, Daniel. Prendre soin de Thomas a été un réel plaisir. Je serai toujours là pour t'aider quand tu en auras besoin.

Marie dit au revoir à Thomas avec tendresse, sachant qu'elle avait créé un lien spécial avec lui pendant leur temps ensemble. Elle était heureuse d'avoir pu aider son ami et prendre soin de son cher animal de compagnie.

***

Marie była odpowiedzialną osobą i miłośniczką zwierząt. Pewnego dnia, jej przyjaciel Daniel poprosił ją o bardzo ważną przysługę.

– Cześć, Marie! Muszę wyjechać z miasta i potrzebuję, żebyś zaopiekowała się moim kotem, Thomasem. Czy mogłabyś to zrobić? – zapytał Daniel.

– Cześć, Daniel! Oczywiście, chętnie się zajmę Thomasem. Wiem, jak ważny jest dla ciebie – odpowiedziała Marie.

Marie przybyła do domu Daniela i zastała Thomasa, który czekał na nią w salonie. Po upewnieniu się, że ma jedzenie, wodę i zabawki, Marie opiekowała się nim przez kilka dni. Zabrała go także do parku, gdzie mógł bawić się z innymi kotami i cieszyć się świeżym powietrzem. Marie i Thomas stali się przyjaciółmi i świetnie się razem bawili.

Pod koniec tygodnia Daniel wrócił i Marie opowiedziała mu o wszystkich przygodach, jakie miała z Thomasem.

– Dziękuję, Marie! Cieszę się, bo wiedziałem, że Thomas jest w dobrych rękach. Jesteś naprawdę wspaniałą przyjaciółką – podziękował Daniel.

– Nie ma sprawy, Daniel. Opieka nad Thomasem była prawdziwą przyjemnością. Zawsze będę tu, aby ci pomóc, kiedy będziesz potrzebował.

Marie pożegnała się z Thomasem z czułością, wiedząc, że podczas spędzonego razem czasu udało im się stworzyć wyjątkową więź. Była szczęśliwa, że mogła pomóc swojemu przyjacielowi i zadbać o jego ukochane zwierzątko.

Chapitre 14: Le Premier Vol / Pierwszy Lot

Marie était excitée car elle allait faire son premier voyage en avion. Elle avait économisé de l'argent pendant longtemps et enfin, le jour était venu de voler vers un pays étranger. Elle était à l'aéroport, avec sa valise et son passeport en main.

– Bonjour, comment puis–je vous aider? – demanda l'hôtesse.

– Bonjour, j'ai un vol pour Londres. À quel portail d'embarquement dois–je me rendre?

L'hôtesse lui donna les informations sur le portail d'embarquement et Marie s'y dirigea. Une fois à bord de l'avion, elle chercha son siège et s'assit à côté d'une femme sympathique.

– Bonjour, est–ce le siège 15B? – demanda Marie avec excitation.

– Oui, c'est bien ça. Est–ce ton premier vol? – répondit la femme avec un sourire.

– Oui, c'est mon premier vol! – répondit Marie excitée – Je suis tellement excitée mais aussi un peu nerveuse.

– Ne t'inquiète pas, les vols sont très sûrs. Tu t'habitueras rapidement. – dit la femme en la rassurant.

L'avion décolla et Marie regardait par la fenêtre pendant que le paysage devenait de plus en plus petit à mesure qu'ils gagnaient de l'altitude.

– Regarde, nous survolons les nuages! – s'exclama Marie excitée.

– Oui, c'est magnifique, n'est–ce pas? Profite du voyage. – répondit la femme en souriant.

Pendant le vol, Marie écoutait attentivement les instructions du personnel de cabine et suivait les indications pour attacher sa ceinture de sécurité et éteindre les appareils électroniques.

Finalement, l'avion atterrit à l'aéroport de Londres et Marie dit au revoir à la femme avec qui elle avait partagé le vol.

***

Marie była podekscytowana, ponieważ miała odbyć swój pierwszy lot samolotem. Oszczędzała pieniądze przez długi czas, i w końcu nadszedł dzień, w którym miała polecieć do obcego kraju. Znalazła się na lotnisku, z walizką i paszportem w ręce.

– Dzień dobry, w czym mogę pomóc? – zapytała stewardesa.

– Cześć, mam lot do Londynu. Gdzie powinnam się zgłosić?

Stewardesa przekazała jej informacje o bramce odlotu, więc Marie tam poszła. Jak tylko wsiadła na pokład samolotu, odnalazła swoje miejsce i usiadła obok przyjaznej kobiety.

– Cześć, to jest miejsce 15B? – zapytała Marie podekscytowana.

– Tak, dokładnie. To twój pierwszy lot? – odpowiedziała kobieta z uśmiechem.

– Tak, to mój pierwszy lot! – odpowiedziała Marie podekscytowana – Jestem taka podekscytowana, ale też trochę zdenerwowana.

– Nie martw się, loty są bardzo bezpieczne. Szybko się przyzwyczaisz. – powiedziała kobieta, uspokajając ją.

Samolot wzbił się w powietrze, a Marie spoglądała przez okno, obserwując jak krajobraz stawał się coraz mniejszy, w miarę jak zyskiwali wysokość.

– Patrz, lecimy nad chmurami! – wykrzyknęła Marie podekscytowana.

– Tak, to piękne, prawda? Ciesz się podróżą. – odpowiedziała kobieta, uśmiechając się.

Podczas lotu Marie uważnie słuchała instrukcji personelu pokładowego i stosowała się do wskazówek dotyczących zapięcia pasów bezpieczeństwa i wyłączenia urządzeń elektronicznych.

W końcu samolot wylądował na lotnisku w Londynie, a Marie pożegnała się z kobietą, z którą dzieliła lot.

Chapitre 15: Le Festival de Musique / Festiwal Muzyczny

Marie était excitée car ce week-end se déroulait le festival de musique dans sa ville. Elle en avait entendu parler depuis des mois et elle était impatiente. Elle partit avec son ami Manuel au centre-ville, où se tenait le festival.

Lorsqu'ils arrivèrent sur le site du festival, ils furent émerveillés par l'ambiance festive qui régnait en ces lieux. La musique résonnait à chaque coin de rue et l'énergie était contagieuse.

– Regarde, il y a une scène principale! Allons-y en premier – fit remarquer Marie.

– Oui, absolument! Je veux voir ce groupe de rock que j'aime tant – dit Manuel en souriant.

Une fois devant la scène, la musique commença à jouer et la scène s'illumina de lumières éclatantes. Marie et Manuel sautaient, chantaient et se laissaient emporter par l'énergie du groupe.

– Cette chanson est ma préférée! Profitons au maximum! – s'exclama Marie.

Après un concert palpitant, ils découvrirent la scène de musique latine, où un groupe de salsa jouait.

– J'aime beaucoup la musique latine! Veux-tu danser avec moi? – demanda Marie.

– Bien sûr, allons profiter de la musique latine ensemble! – répondit Manuel.

Ils dansèrent au rythme de la salsa et s'amusèrent avec les autres spectateurs qui appréciaient également le spectacle.

– Quelle journée incroyable! Je suis très heureuse d'être venue au festival – commenta Marie avec joie.

À la fin du festival, Marie se sentait très heureuse et a commenté que c'était une journée fantastique. Elle avait hâte de revenir au festival l'année prochaine.

***

Marie była podekscytowana, ponieważ w ten weekend odbywał się festiwal muzyczny w jej mieście. Słyszała o tym wydarzeniu przez wiele miesięcy i nie mogła się doczekać. Poszła do centrum miasta ze swoim przyjacielem Manuelem, gdzie odbywał się festiwal.

Kiedy dotarli na miejsce festiwalu, byli zaskoczeni festiwalowym klimatem, który tam panował. Muzyka rozbrzmiewała w każdym kącie, a energia była zaraźliwa.

– Spójrz, jest główna scena! Chodźmy tam najpierw – wskazała Marie.

– Tak, oczywiście! Chcę zobaczyć tam rockową kapelę, którą tak bardzo lubię – powiedział Manuel z uśmiechem.

Gdy stanęli przed sceną, muzyka zaczęła grać, a scena rozbłysła jaskrawymi światłami. Marie i Manuel tańczyli, śpiewali i oddawali się energii zespołu.

– To jest moja ulubiona piosenka! – krzyknęła Marie.

Po ekscytującym koncercie, odkryli scenę z muzyką latynoamerykańską, na której zespół grał salsę.

– Bardzo lubię muzykę latynoamerykańską! Chcesz ze mną zatańczyć? – zapytała Marie.

– Oczywiście, zatańczmy razem do rytmu salsy! – odpowiedział Manuel.

Tańczyli w rytmie salsy i bawili się razem z innymi uczestnikami, którzy także cieszyli się z występu.

– To był wspaniały dzień! Naprawdę cieszę się, że przyszłam na festiwal. – skomentowała Marie z radością.

Po zakończeniu festiwalu Marie czuła się bardzo szczęśliwa i powiedziała, że to był fantastyczny dzień. Już nie mogła się doczekać, aby wrócić na festiwal w przyszłym roku.

Chapitre 16: La Balade à Vélo / Przejażdżka Rowerowa

Marie était excitée parce que c'était une belle journée ensoleillée et elle décida de faire une balade à vélo. Elle mit son casque et prit son vélo dans le garage.

Alors qu'elle pédalait dans les rues de sa ville, elle vit son amie Sophie à cheval.

– Salut Sophie! Que fais-tu par ici? – s'exclama Marie enthousiaste.

– Salut Marie! – répondit Sophie surprise – Je me dirigeais vers le parc. Tu veux te joindre à moi?

– Bien sûr! Ce serait génial.

Marie et Sophie enfourchèrent leurs vélos et commencèrent à pédaler ensemble sur la piste cyclable. Elles profitaient de la brise sur leur visage tout en discutant.

Elles arrivèrent au parc et virent un lac avec des cannerds nageant. Elles décidèrent de s'arrêter et de les observer un instant.

– Regarde, Marie, les canetons sont si mignons – Sophie indiqua le lac – J'adore la nature que l'on trouve ici.

– Oui, c'est merveilleux – répondit Marie excitée – Je me sens si paisible entourée d'une telle beauté.

Finalement, Marie et Sophie retournèrent au point de départ où elles avaient laissé leurs vélos. Elles descendirent et s'assirent sur un banc pour se reposer.

– Merci de m'avoir invitée à cette balade à vélo, Sophie – dit Marie joyeusement – C'était merveilleux.

– De rien, Marie, répondit Sophie en souriant. Je suis ravie que tu aies apprécié. Nous devrions certainement le faire plus souvent.

Avec un sourire sur leurs visages et le cœur rempli de joie, Marie et Sophie se dirent au revoir et décidèrent de planifier plus d'aventures à vélo ensemble.

***

Marie była zachwycona, ponieważ była piękna słoneczna pogoda i postanowiła wybrać się na przejażdżkę rowerową. Założyła kask i wzięła swój rower z garażu.

Pedałując ulicami swojego miasta, zobaczyła swoją przyjaciółkę Sophie, która również jechała na rowerze.

– Cześć Sophie! Co tu robisz? – wykrzyknęła podekscytowana Marie.

– Cześć Marie! – odpowiedziała zaskoczona – Jadę do parku. Chciałabyś dołączyć?

– Oczywiście! Byłoby świetnie.

Marie i Sophie wsiadły na swoje rowery i zaczęły wspólnie pedałować wzdłuż ścieżki rowerowej. Cieszyły się wiatrem na twarzy i rozmawiały.

Dotarły do parku i zobaczyły jezioro z pływającymi kaczkami. Zdecydowały się zatrzymać i przez chwilę je obserwować.

– Spójrz, te kaczuszki są takie urocze. – wskazała jezioro – Uwielbiam przyrodę, którą tutaj znajdujemy.

– Tak, to cudowne. – odpowiedziała podekscytowana – Czuję się tak wewnętrznie spokojnie, otoczona tą piękną naturą.

W końcu Marie i Sophie wróciły do punktu startowego, gdzie zostawiły swoje rowery. Zeszły z nich i usiadły na ławce, aby odpocząć.

– Dziękuję, że zabrałaś mnie na tę przejażdżkę rowerową, Sophie. – powiedziała z radością Marie – Było wspaniale.

– Nie ma sprawy, Marie. – odpowiedziała Sophie uśmiechając się – Cieszę się, że Ci się podobało. Powinniśmy zdecydowanie robić to częściej.

Z uśmiechem na twarzy i sercem pełnym radości, Marie i Sophie się pożegnały i postanowiły planować więcej wspólnych przygód rowerowych.

Chapitre 17: Préparation d'un Repas Spécial / Przygotowanie Wyjątkowego Posiłku

Le jour était arrivé où Marie voulait surprendre sa famille avec un repas spécial. Elle était excitée et déterminée à préparer quelque chose de délicieux. Elle mit son tablier et se dirigea vers la cuisine.

– Bonjour maman, bonjour papa! – s'exclama Marie en entrant dans la maison. – Aujourd'hui, je veux préparer un repas spécial pour tout le monde. Aimeriez–vous essayer quelque chose de différent?

– Bien sûr, ma fille! répondit le père. Qu'as–tu en tête?

– Je veux faire des pâtes avec une sauce tomate maison et des boulettes de viande. Ça vous convient? demanda Marie.

– Ça a l'air délicieux! dit la mère avec enthousiasme. As–tu besoin d'aide?

– Ce serait génial si tu m'aides avec la sauce tomate pendant que je prépare les boulettes de viande.

Marie et sa mère se rendirent à la cuisine. Marie épluchait les tomates pendant que sa mère faisait chauffer une poêle avec de l'huile d'olive. Après avoir mélangé les ingrédients de la recette, elle forma des petites boules et les disposa sur une plaque de cuisson. Après un certain temps, la sauce tomate était prête et les boulettes de viande doraient au four.

– Le repas est prêt ! s'exclama Marie. Venez à table.

La famille savoura le délicieux repas que Marie avait préparé avec amour.

– Marie, ce repas est incroyable, dit le père avec un sourire. Tu es une véritable chef !

– Je suis très fière de toi, ma fille, ajouta la mère avec satisfaction.

– Merci, maman, papa – répondit Marie avec joie – Je suis heureux que vous ayez aimé.

Avec un sourire sur leur visage, la famille profita d'un moment spécial en partageant un délicieux repas et l'amour qu'ils y avaient mis en le préparant.

***

Nadszedł dzień, w którym Marie chciała zaskoczyć swoją rodzinę wyjątkowym posiłkiem. Była podekscytowana i zdeterminowana, by przygotować coś pysznego. Założyła fartuch i udała się do kuchni.

– Cześć mamo, cześć tato! – wykrzyknęła Marie wchodząc do domu – Dziś chcę przygotować dla was wyjątkowy posiłek. Chcielibyście spróbować czegoś innego?

– Oczywiście, córko! – odpowiedział tato – Co masz na myśli?

– Chcę zrobić domowy makaron z sosem pomidorowym i pulpety. Pasuje wam? – zapytała Marie.

– Brzmi przepysznie! – odpowiedziała mama z entuzjazmem – Potrzebujesz pomocy?

– Byłoby świetnie, gdybyś pomogła mi z sosem pomidorowym, a ja zrobię pulpeciki.

Marie i jej mama udały się do kuchni. Marie obierała pomidory, podczas gdy jej mama podgrzewała patelnię z oliwą z oliwek. Po wymieszaniu składników zgodnie z przepisem, Marie uformowała małe kuleczki i ułożyła je na blaszce do pieczenia. Po chwili sos pomidorowy był gotowy, a pulpety rumieniły się w piekarniku.

– Posiłek jest gotowy! – wykrzyknęła Marie – Zapraszam do stołu.

Rodzina rozkoszowała się pysznym posiłkiem, który Marie przygotowała z miłością.

– Marie, ten posiłek jest niesamowity. – powiedział tato z uśmiechem – Jesteś świetną kucharką!

– Jestem bardzo dumna z ciebie, córko. – dodała mama z zadowoleniem.

– Dziękuję, mamusiu, tatusiu. – odpowiedziała Marie z radością – Cieszę się, że wam smakowało.

Z uśmiechem na twarzach, rodzina cieszyła się wyjątkowym momentem, dzieląc pyszny posiłek i miłość, którą włożyli w jego przygotowanie.

Chapitre 18: Une Excursion en Montagne / Wycieczka w Góry

Marie et ses amis Pierre et Laura ont décidé de se lancer dans une excitante excursion en montagne. Ils se sont retrouvés tôt au point de rendez-vous convenu, portant des sacs à dos avec de l'eau et des collations. Ils ont commencé à marcher sur le sentier, en suivant les panneaux.

– Wow, les vues sont impressionnantes ici en haut. – s'exclama Marie avec enthousiasme.

– Oui, ça vaut chaque pas que nous faisons. – répondit Pierre.

Ils ont continué à monter, ont profité du magnifique paysage et se sont reposés près d'un ruisseau. Alors qu'ils descendaient le sentier, Pierre a montré un arbre particulier en s'exclamant:

– Regardez cet arbre géant! On dirait qu'il sort d'un conte.

Marie et Laura se sont arrêtées pour admirer l'arbre majestueux et ont affiché leur émotion avec un sourire sur leurs visages. Ensuite, ils ont continué à monter, affrontant des terrains difficiles. Au fur et à mesure de leur ascension, le terrain devenait plus raide et plus difficile.

– Ne baissons pas les bras! Nous y sommes presque. – encouragea Marie le groupe.

Finalement, ils sont arrivés au sommet et ont été impressionnés par la vue panoramique.

– Quel endroit incroyable! – dit Laura admirative.

– Ça valait tous les efforts! – s'exclama Pierre, enthousiaste.

Ils ont passé un moment à profiter de l'instant, absorbant la sérénité et la grandeur de la nature qui les entourait.

Ils se sont reposés un peu puis ont commencé à redescendre, emportant avec eux des souvenirs spéciaux.

– Ce fut une expérience incroyable. – remercia Marie – Merci pour cette journée.

– La nature nous donne de l'énergie. – répondit Pierre reconnaissant – C'était génial de partager cela avec toi.

Avec un sentiment de satisfaction et de joie, ils sont rentrés chez eux, sachant qu'ils avaient vécu une aventure unique et impatients de futures explorations ensemble.

***

Marie i jej przyjaciele Pierre i Laura zdecydowali się na emocjonującą wycieczkę w góry. Spotkali się wcześniej w umówionym punkcie z plecakami pełnymi wody i przekąsek. Rozpoczęli wędrówkę ścieżką, podążając za oznaczeniami.

– Wow, widoki tutaj na górze są niesamowite. – wykrzyknęła Marie podekscytowana.

– Rzeczywiście, każdy krok, który podejmujemy, jest tego warty. – odpowiedział Pierre.

Kontynuowali wspinaczkę, ciesząc się pięknym krajobrazem i robiąc przerwę przy strumieniu. Kiedy szli wzdłuż ścieżki, Pierre wskazał na pewne drzewo i wykrzyknął:

– Spójrzcie na to gigantyczne drzewo! Wydaje się jakby pochodziło z bajki.

Marie i Laura zatrzymały się, by podziwiać majestatyczne drzewo i wyraziły swój zachwyt uśmiechem na twarzy. Następnie kontynuowali wspinaczkę, zmierzając na trudniejsze tereny. W miarę jak szli, teren stawał się coraz bardziej stromy i wymagający.

– Nie poddawajmy się! Już prawie jesteśmy na szczycie. – zachęcała Marie grupę.

W końcu dotarli na szczyt i byli pod wrażeniem panoramicznego widoku.

– To niesamowite miejsce! – powiedziała z podziwem Laura.

– To było tego warte każdego wysiłku!– wykrzyknął emocjonalnie Pierre.

Spędzili trochę czasu ciesząc się chwilą, wchłaniając spokój i wielkość otaczającej ich przyrody.

Odpoczęli chwilę, a następnie zaczęli schodzić, zabierając ze sobą wyjątkowe wspomnienia.

– To była niesamowita przygoda. – podziękowała Marie – Dziękuję za ten dzień.

– Przyroda dodaje nam energii. – odpowiedział z wdzięcznością Pierre – Wspaniale, że mogliśmy to razem przeżyć.

Z poczuciem satysfakcji i radości wrócili do domu, wiedząc, że przeżyli wyjątkową przygodę i z niecierpliwością oczekiwali na przyszłe, wspólne eksploracje.

Chapitre 19: Apprendre à Danser la Salsa / Nauka Salsy

Marie avait décidé d'apprendre à danser la salsa, et aujourd'hui était son premier cours. Elle est arrivée tôt au studio de danse et a retrouvé son amie Angèle.

– Salut Angèle! – s'exclama Marie, excitée – Es–tu prête à apprendre à danser la salsa?

– Salut Marie! – répondit Angèle – Oui, je suis excitée mais aussi un peu nerveuse. Je n'ai jamais dansé la salsa auparavant.

– Ne t'inquiète pas, je suis sûre que nous allons bien faire!

Après un moment, le professeur de salsa, Charles, entra dans la salle.

– Salut les filles! – dit Charles avec enthousiasme – Bienvenue au cours de salsa.

Le cours commença par un échauffement pour préparer les muscles. Ensuite, Charles leur enseigna les pas de base de la salsa.

– Commencez avec le pied droit, faites un pas sur le côté. – expliqua Charles – Ensuite, amenez le pied gauche vers le pied droit et replacez le pied droit à sa place. Répétez de l'autre côté.

Après avoir pratiqué les pas de base, Charles leur montra des mouvements plus difficiles.

– Maintenant, nous allons faire des tours et des rotations. – dit Charles – Écoutez mes instructions et suivez le rythme de la musique.

Marie et Angèle s'efforcèrent de suivre les instructions de Charles. Au fur et à mesure de leur pratique, elles se sentaient plus confiantes et commençaient à comprendre le rythme de la salsa.

À la fin du cours, Charles félicita Marie et Angèle pour leurs progrès.

– Vous avez très bien fait, les filles! Continuez à pratiquer et vous deviendrez bientôt d'excellentes danseuses de salsa.

– Merci, Charles! – remercia Marie – À la prochaine classe.

Au son de la musique de salsa résonnant dans le studio, Marie et Angèle sortirent avec énergie et joie, prêtes à poursuivre leur aventure dans le monde de la danse.

***

Marie postanowiła nauczyć się tańczyć salsę, a dzisiaj miała swoją pierwszą lekcję. Przybyła wcześnie do centrum tańca i spotkała swoją przyjaciółkę Angèle.

– Cześć Angèle! – wykrzyknęła podekscytowana Marie – Jesteś gotowa, żeby nauczyć się tańczyć salsę?

– Cześć Marie! – odpowiedziała Angèle – Tak, jestem podekscytowana, ale też trochę zdenerwowana. Nigdy wcześniej nie tańczyłam salsy.

– Nie martw się, jestem pewna, że sobie poradzimy świetnie!

Po chwili do sali wszedł instruktor salsy, Karol.

– Cześć dziewczyny! – przywitał się z entuzjazmem Karol – Witajcie na lekcji salsy.

Lekcja rozpoczęła się od rozgrzewki, żeby przygotować mięśnie. Następnie Karol nauczył je podstawowych kroków salsy.

– Zacznijcie od prawej stopy, stawiając krok na bok. – wyjaśnił Karol – Potem przenieście lewą stopę do prawej i wróćcie prawą stopą na jej miejsce. Powtórzcie to samo z drugiej strony.

Po praktyce podstawowych kroków, Karol pokazał im trudniejsze ruchy.

– Teraz będziemy robić obroty i figury. – powiedział Karol – Słuchajcie moich wskazówek i idźcie w rytm muzyki.

Marie i Angèle starały się śledzić wskazówki Karola. Stopniowo, w miarę ćwiczeń, czuły się bardziej pewne i zaczęły rozumieć rytm salsy.

Pod koniec lekcji, Karol pochwalił Marie i Angèle za ich postępy.

– Naprawdę świetnie wam się udało dziewczyny! Ćwiczcie dalej, a wkrótce staniecie się wspaniałymi tancerkami salsy.

– Dzięki, Karol! – podziękowała Marie – Do zobaczenia na kolejnej lekcji.

Z dźwiękami muzyki salsy rozbrzmiewającymi w centrum tańca, Marie i Angèle opuściły salę pełne energii i radości, gotowe kontynuować swoją przygodę w świecie tańca.

Chapitre 20: Une Journée Pluvieuse à la Maison / Deszczowy Dzień w Domu

C'était une journée pluvieuse et Marie était à la maison sans rien à faire. Elle s'ennuyait et souhaitait que le soleil brille pour pouvoir jouer dehors. Soudain, le téléphone sonna.

– Allo! – dit Marie avec enthousiasme en répondant à l'appel.

– Salut Marie! – répondit son amie Laura – Que fais–tu par cette journée pluvieuse?

– Pas grand–chose, je m'ennuie à la maison. – dit Marie avec déception.

– Ne t'inquiète pas! J'ai une idée. Et si on organisait un après–midi de jeux chez moi? – suggéra Laura avec enthousiasme.

– Cela semble génial! J'adorerais ça. – s'exclama Marie, excitée à l'idée de s'amuser avec son amie.

Marie se prépara rapidement et se rendit chez Laura. À leur arrivée, les deux amies s'installèrent dans le salon et commencèrent à jouer à leur jeu de société préféré.

– Regarde, Marie! Je suis la gagnante! – s'écria Laura avec joie après avoir remporté une manche.

– Félicitations, Laura! Tu es la meilleure à ce jeu. – dit Marie en riant.

Après plusieurs manches de jeu, les filles décidèrent de faire une pause et de prendre une collation.

– J'ai des biscuits et du jus. Tu veux quelque chose, Marie? – demanda gentiment Laura.

– Oui, s'il te plaît! J'adore les biscuits. – répondit Marie avec enthousiasme.

Pendant qu'elles profitaient de leur collation, elles entendirent le son de la pluie frappant les fenêtres.

– Même si nous sommes à la maison, nous nous amusons beaucoup! – dit Marie en souriant.

– C'est vrai! Parfois, les journées pluvieuses peuvent être amusantes si nous les passons ensemble. – dit Laura avec bonheur.

Elles passèrent le reste de l'après–midi à rire, jouer et profiter de leur compagnie. Même si le soleil ne s'était pas levé, Marie et Laura avaient transformé une journée pluvieuse en une journée remplie de divertissement et de rires à la maison.

***

Był deszczowy dzień, a Marie była w domu, nie mając nic do roboty. Była znudzona i pragnęła, aby słońce świeciło, żeby mogła wyjść na dwór i pobawić się na zewnątrz. Nagle zadzwonił telefon.

– Cześć! – odezwała się Marie podekscytowana, odbierając telefon.

– Cześć Marie! – odpowiedziała jej przyjaciółka Laura – Co robisz w ten deszczowy dzień?

– Niewiele, nudzę się w domu. – powiedziała Marie z rozczarowaniem.

– Nie martw się! Mam pomysł. Co powiesz na popołudnie pełne gier u mnie w domu? – zaproponowała Laura z entuzjazmem.

– Brzmi wspaniale! Bardzo bym chciała. – wykrzyknęła Marie podekscytowana myślą o zabawie z przyjaciółką.

Marie szybko się przygotowała i udała się do domu Laury. Po przybyciu obie dziewczyny usiadły w salonie i zaczęły grać w swoją ulubioną grę planszową.

– Spójrz Marie! Jestem zwyciężczynią! – wykrzyknęła Laura podekscytowana po wygraniu jednej rundy.

– Gratulacje, Laura! Jesteś najlepsza w tej grze. – powiedziała Marie, śmiejąc się.

Po kilku rundach gier dziewczyny postanowiły zrobić przerwę i zjeść przekąskę.

– Mam herbatniki i sok. Chcesz coś, Marie? – zapytała uprzejmie Laura.

– Tak, proszę! Uwielbiam herbatniki. – odpowiedziała Marie podekscytowana.

Podczas gdy delektowały się przekąską, słyszały dźwięk deszczu uderzającego w okna.

– Nawet jeśli jesteśmy w domu, świetnie się bawimy! – powiedziała Marie z uśmiechem.

– Dokładnie! Czasami deszczowe dni mogą być fajne, jeśli spędzamy je razem. – powiedziała Laura z radością.

Spędziły resztę popołudnia śmiejąc się, grając i ciesząc się nawzajem towarzystwem. Choć słońce nie wychyliło się zza chmur, Marie i Laura przekształciły deszczowy dzień w dzień pełen zabawy i śmiechu w domowym zaciszu.

Exercices des Chapitres

Chapitre 1: L'Arrivée en Ville

Répondez aux questions:

1. Comment s'appelle le protagoniste du Chapitre 1?

2. Quel âge a Marie?

3. Comment Marie se sent–elle lorsqu'elle arrive en ville?

4. Qu'est–ce que Marie porte avec elle lorsqu'elle se promène dans les rues de la ville?

5. Qui est Jean et comment aide–t–il Marie?

6. Dans quelle rue habite Marie?

Chapitre 2: Épicerie

Complète les phrases suivantes avec le mot approprié:

1. Marie a décidé d'aller au ___________ d'épicerie le plus proche.

2. Le magasin était bien ___________ et propre.

3. Marie a acheté ___________ et des laitues fraîches dans la section des légumes.

4. Les ___________ étaient à droite des produits en conserve.

5. Marie a acheté des pommes et des ___________ dans la

section des fruits.

6. Marie a payé ses achats avec sa ______________ de crédit.

Chapitre 3: La Réunion avec les Voisins

Indiquez quelle phrase est vraie ou fausse:

1. Marie a reçu une invitation pour assister à une réunion de voisins dans son nouvel immeuble.

2. La réunion de voisins a eu lieu dans le parc.

3. La réunion était prévue pour un dimanche matin.

4. Le président de l'association a parlé des prochains événements.

5. Marie ne s'est pas sentie à l'aise avec ses voisins pendant la réunion.

6. Marie n'est pas satisfaite de l'emplacement de l'immeuble.

Chapitre 4: Le Premier Jour de Travail

Répondez aux questions suivantes:

1. Pourquoi Marie était–elle excitée?

a) Parce qu'elle allait commencer un nouveau travail.

b) Parce qu'elle allait terminer son travail précédent.

c) Parce qu'elle allait partir en vacances.

2. Qui a accueilli Marie au bureau?

a) Son ami.

b) Son coéquipier.

c) Son patron.

3. Que David a–t–il montré à Marie au bureau?

a) Les différents départements et zones.

b) Les documents importants.

c) Les pauses café.

4. Qui était le coéquipier de Marie?

a) David.

b) Sébastien.

c) Un client.

5. Quelle tâche David a–t–il confiée à Marie à la fin?

a) Se présenter à l'équipe.

b) Commencer à travailler.

c) Montrer les documents importants.

6. Que Marie a–t–elle fait à la fin de sa première journée de travail?

a) Elle a rencontré son patron pour discuter de ses performances.

b) Elle s'est fait de nouveaux amis au bureau.

c) Elle est rentrée chez elle pour se reposer.

Chapitre 5: Retrouvailles avec des Amis

Indiquez quelle phrase est vraie ou fausse:

1. Marie avait vu ses amis récemment.

2. Marie n'a pas le temps de sortir à cause de son travail.

3. Marie travaille avec des gens désagréables.

4. Marie apprend l'allemand.

5. Angèle était préoccupée par le manque d'idées pour des vacances.

6. Marie a invité Angèle à voyager ensemble en Espagne.

Chapitre 6: Une Visite à la Bibliothèque

Répondez aux questions suivantes:

1. Pourquoi Marie a–t–elle décidé de visiter la bibliothèque?

a) Pour trouver des livres sur les finances et les affaires.

b) Pour rencontrer Paul et Gabriel.

c) Pour passer le temps.

2. Qui a aidé Marie à trouver les bons livres?

a) Gabriel.

b) Le bibliothécaire Paul.

c) Marie a trouvé les livres toute seule.

3. Quel livre Paul a–t–il recommandé à Marie?

a) Un livre sur les sciences sociales.

b) Un livre sur les finances personnelles.

c) Un livre sur l'art.

4. En quoi travaille Gabriel?

a) En tant que bibliothécaire.

b) En tant qu'agent immobilier.

c) Dans une entreprise d'investissement.

5. Qu'a offert Gabriel à Marie?

a) Des conseils financiers.

b) Un dîner gratuit.

c) Un billet d'avion.

6. Que fait Marie après sa visite à la bibliothèque?

a) Elle part prendre un café.

b) Elle rentre chez elle pour lire les livres.

c) Elle retrouve ses amis au parc.

Chapitre 7: Une Journée à la Plage

Répondez aux questions:

1. Qu'est-ce que Marie a oublié à la maison?

2. Qu'est-ce que Michel a offert à Marie?

3. Comment Marie a–t–elle répondu à l'offre d'aide?

4. Qu'a répondu Michel quand Marie l'a remercié?

5. Qu'est-ce que Marie a fait pendant sa journée à la plage?

6. Comment Marie s'est–elle sentie après avoir passé la journée à la plage?

Chapitre 8: Le Pique–nique de Marie et sa Famille

Complétez les phrases suivantes avec les mots appropriés du vocabulaire:

1. Marie et sa famille ont décidé de faire un ___________ dans le parc.

2. La maman de Marie a préparé des ___________ de jambon et de fromage.

3. Le papa de Marie a apporté des ___________ et des bouteilles d'eau.

4. Marie était excitée car elle aimait passer du temps en plein air. Ils se sont assis sur une ___________ et ont commencé à manger.

5. Marie a vu un enfant jouer avec son ___________.

6. Après avoir joué un moment, Marie et sa famille ont décidé de tout ranger et de rentrer à ___________.

Chapitre 9: Célébrer son Anniversaire

Répondez aux questions:

1. Pourquoi Marie était-elle excitée au début de l'histoire?

2. Quelle surprise spéciale Anne avait-elle préparée pour Marie?

3. Où Marie et Anne se sont-elles retrouvées pour célébrer ensemble?

4. Que firent Marie et Anne après avoir mangé du gâteau et ouvert les cadeaux?

5. Que s'est-il passé pendant le jeu de balle?

6. Comment Marie et Anne se sont-elles senties à la fin de la journée d'anniversaire?

Chapitre 10: La Visite au Zoo

Indiquez quelle phrase est vraie ou fausse:

1. Marie a emmené sa petite sœur au zoo.

2. La cousine de Marie était particulièrement excitée de voir les lions.

3. Les pingouins doivent être nourris régulièrement avec du poisson.

4.La cousine de Marie voulait devenir gardienne de zoo quand elle sera grande.

5. Au zoo, Marie et sa cousine n'ont vu que des pingouins.

6. Marie a dit que sa cousine devrait beaucoup étudier pour devenir gardienne de zoo.

Chapitre 11: Le Cours de Yoga

Réponds aux questions:

1. Que voulait Marie après une journée de travail stressante?

2. Où Marie a–t–elle décidé de prendre un cours de yoga?

3. Comment Marie s'est–elle sentie lorsque l'instructeur lui a demandé d'effectuer une posture complexe?

4. Qu'a suggéré l'instructeur à Marie pour pratiquer le yoga à la maison?

5. Que fait Marie lorsqu'elle rentre chez elle?

6. Qu'a découvert Marie en pratiquant le yoga à la maison?

Chapitre 12: L'Aventure au Musée

Indiquez si les phrases suivantes sont VRAI ou fausse:

1. Marie a décidé de visiter le zoo.

2. Marie portait un sac à dos.

3. L'employé du musée lui a donné des informations sur les expositions.

4. Marie voulait commencer par explorer la salle des sciences.

5. La salle d'art se trouve au premier étage.

6. Nicolas est le fils d'un artiste.

Chapitre 13: Prendre soin de l'Animal de Compagnie d'un Ami

Lis le passage suivant et complète les phrases avec la forme correcte des verbes entre parenthèses au passé composé:

Marie ____________ (arriver) chez Daniel et ____________ (trouver) Thomas qui l'attendait dans le salon. Après s'être assurée qu'il ____________ (avoir) de la nourriture, de l'eau et des jouets, Marie ____________ (s'occuper) de lui pendant plusieurs jours. Elle l'a aussi ____________ (emmener) au parc, où Thomas ____________ (jouer) avec d'autres chats et ____________ (profiter) de l'air libre.

Chapitre 14: Le Premier Vol

Lis chaque question et choisis l'option correcte (A, B ou C) qui complète le mieux la phrase:

1. Marie ________ son premier vol en avion.

a) est

b) était

c) a été

2. L'hôtesse de l'air _______ des informations sur la porte d'embarquement.

a) donne

b) a donné

c) donnait

3. Marie _______ à côté d'une femme amicale dans l'avion.

a) s'assoit

b) s'est assise

c) s'asseyait

4. L'avion _______ et le paysage _______ plus petit.

a) a décollé / devenait

b) a décollé / devenait

c) décolle / devient

5. Pendant le vol, Marie _______ attentivement les instructions.

a) écoute

b) a écouté

c) écoutait

6. Finalement, l'avion _________ à l'aéroport de Londres.

a) a atterri

b) atterrit

c) atterrira

Chapitre 15: Le Festival de Musique

Réponds aux questions:

1. Pourquoi Marie était–elle excitée?

2. Avec qui Marie est–elle allée au festival?

3. Qu'est–ce qu'ils ont découvert en arrivant sur le site du festival?

4. Quel groupe de musique Manuel voulait–il voir?

5. Quelle autre scène de musique ont–ils découverte?

6. Comment Marie s'est–elle sentie à la fin du festival?

Chapitre 16: La Balade à Vélo

Complète les phrases suivantes avec les mots appropriés:

1. Marie était excitée parce que c'était une journée _________.

2. Marie enfila son _________ et prit son vélo dans le _________.

3. Marie cria à Sophie: "Salut Sophie! Qu'est-ce que tu ___________ ici?"

4. Marie et Sophie montèrent sur leurs ___________ et commencèrent à ___________ ensemble sur la piste cyclable.

5. Sophie indiqua le ___________ et s'exclama: "Regarde, Marie, les ___________ sont si mignons."

6. Marie remercia Sophie de l'avoir invitée et dit: "Merci de m'accompagner dans cette balade à vélo, Sophie. C'était ___________."

Chapitre 17: Préparation d'un Repas Spécial

Indique si chaque phrase est VRAI ou fausse:

1. Marie voulait surprendre sa famille avec un repas spécial.

2. Marie décida de préparer des pâtes avec une sauce tomate maison et des boulettes de viande.

3. Le père de Marie n'était pas intéressé à essayer quelque chose de différent.

4. Marie et sa mère ont épluché les tomates ensemble.

5. La famille a apprécié le repas préparé par Marie.

6. Marie se sentit triste et déçue de la réaction de ses parents.

Chapitre 18: Une Excursion en Montagne

Associez correctement les paires en combinant la première partie de la phrase avec la deuxième partie:

1. Marie et ses amis décidèrent de s'aventurer dans une excursion palpitante...

2. Ils commencèrent à marcher sur le sentier, en suivant...

3. Les vues d'en haut étaient...

4. Marie et Laura s'arrêtèrent pour...

5. Au fur et à mesure qu'ils montaient, le terrain devenait plus...

6. Ils se reposèrent un peu puis commencèrent à...

a) ...se reposer et profiter du magnifique paysage.

b) ...en montagne

c) ...impressionnantes

d) ...raide et plus difficile

e) ...les panneaux

f) ...redescendre en emportant des souvenirs spéciaux.

Chapitre 19: Apprendre à Danser la Salsa

Réponds aux questions suivantes:

1. Comment Angèle se sentait-elle avant son premier cours de salsa?

a) Excitée et nerveuse.

b) Ennuyée et fatiguée.

c) Triste et en colère.

2. Comment a commencé le cours de salsa?

a) Par un échauffement.

b) Par un examen.

c) Par une compétition.

3. Qu'a montré Charles à Marie et Angèle pour qu'elles pratiquent?

a) Des mouvements de breakdance.

b) Des mouvements de natation.

c) Des mouvements plus complexes de salsa.

4. Que firent Marie et Angèle pour suivre les instructions de Charles?

a) Elles ignorèrent les instructions.

b) Elles firent une pause.

c) Elles firent des efforts pour suivre les instructions.

5. Qu'ont gagné Marie et Angèle en pratiquant?

a) Confusion et frustration.

b) Peur et désespoir.

c) Confiance et rythme dans la salsa.

6. Que fit Charles à la fin du cours?

a) Il les gronda pour ne pas bien faire.

b) Il les félicita pour leurs progrès.

c) Il annula le prochain cours.

Chapitre 20: Une Journée Pluvieuse à la Maison

Complète les phrases suivantes avec le mot approprié:

1. Marie était _________ à la maison en raison du mauvais temps.

a) triste

b) ennuyée

c) excitée

2. Laura a proposé de passer un après–midi _________ chez elle.

a) à jouer

b) à regarder des films

c) à faire du shopping

3. Marie s'est montrée _________ par l'idée de Laura.

a) heureuse

b) en colère

c) effrayée

4. Pendant l'après-midi, Marie et Laura ont joué à leur __________ préféré.

a) sport

b) jeu de société

c) instrument de musique

5. Marie et Laura ont entendu le bruit de la pluie __________ les fenêtres.

a) caressant

b) se fermant

c) frappant

6. Marie a dit qu'elles s'amusaient beaucoup même sans __________.

a) amis

b) soleil

c) cadeaux

Solutions

Chapitre 1: L'Arrivée en Ville

1. La protagoniste se prénomme Marie.

2. Marie a vingt–cinq ans.

3. Marie se sent excitée en arrivant en ville.

4. Marie porte une petite valise et un sac à main.

5. Jean est un jeune homme qui rencontre Marie dans la rue et l'aide à trouver son chemin vers sa nouvelle maison.

6. Marie habite au 23 rue du Soleil.

Chapitre 2: Épicerie

1. supermarché

2. rangé

3. carottes

4. conserves

5. oranges

5. carte

Chapitre 3: La Réunion avec les Voisins

1. VRAI

2. FAUX

3. FAUX

4. VRAI

5. FAUX

6. FAUX

Chapitre 4: Le Premier Jour de Travail

1. a)

2. c)

3. a)

4. b)

5. b)

6. c)

Chapitre 5: Retrouvailles avec des Amis

1. FAUX

2. FAUX

3. VRAI

4. FAUX

5. VRAI

6. VRAI

Chapitre 6: Une Visite à la Bibliothèque

1. a)

2. b)

3. b)

4. c)

5. a)

6. b)

Chapitre 7: Une Journée à la Plage

1. Marie a oublié ses lunettes de soleil.

2. Michel a offert une paire de lunettes de soleil à Marie.

3. Marie a remercié Michel avec un sourire soulagé.

4. Michel a répondu "De rien, j'espère que tu en profiteras".

5. Marie a pris le soleil, a lu un livre et a nagé dans la mer.

6. Marie s'est sentie détendue et rajeunie.

Chapitre 8: Le Pique-nique de Marie et sa Famille

1. pique-nique

2. sandwiches

3. pommes

4. couverture

5. chien

6. maison

Chapitre 9: Célébrer son Anniversaire

1. Marie était excitée parce qu'aujourd'hui était son anniversaire.

2. Anne lui avait préparé une petite fête surprise.

3. Elles se sont retrouvées dans un parc à proximité.

4. Marie et Anne ont décidé de jouer à la balle au parc.

5. Anne a presque heurté Marie avec la balle.

6. Marie et Anne se sont senties heureuses et reconnaissantes pour leur amitié spéciale.

Chapitre 10: La Visite au Zoo

1. FAUX

2. FAUX

3. VRAI

4. VRAI

5. FAUX

6. VRAI

Chapitre 11: Le Cours de Yoga

1. Marie voulait se détendre et réduire son stress.

2. Marie a décidé de suivre un cours de yoga dans son gymnase local.

3. Marie s'est sentie un peu incertaine.

4. L'instructeur lui a suggéré de suivre des vidéos de yoga en ligne et de pratiquer à la maison avec un tapis de yoga.

5. Elle a cherché des vidéos de yoga en ligne et a commencé à les suivre.

6. Marie a découvert que pratiquer le yoga à la maison était pratique et relaxant.

Chapitre 12: L'Aventure au Musée

1. FAUX

2. VRAI

3. VRAI

4. FAUX

5. FAUX

6. VRAI

Chapitre 13: Prendre soin de l'Animal de Compagnie d'un Ami

Marie est arrivée chez Daniel et a trouvé Thomas qui l'attendait dans le salon. Après s'être assurée qu'il avait de la nourriture, de l'eau et des jouets, Marie s'est occupée de lui pendant plusieurs jours. Elle l'a aussi emmené au parc où Thomas a joué avec d'autres chats et a profité de l'air frais.

Chapitre 14: Le Premier Vol

1. b)

2. b)

3. b)

4. a)

5. c)

6. a)

Chapitre 15: Le Festival de Musique

1. Marie était excitée à cause du festival de musique.

2. Elle est allée au festival avec Manuel.

3. Ils ont découvert une ambiance festive et de la musique.

4. Manuel voulait voir un groupe de rock.

5. Ils ont découvert la scène de musique latine.

6. Marie s'est sentie heureuse et satisfaite.

Chapitre 16: La Balade à Vélo

1. ensoleillée

2. casque, garage

3. fais

4. vélos, pédaler

5. lac, canetons

6. merveilleux

Chapitre 17: Préparation d'un Repas Spécial

1. VRAI

2. VRAI

3. FAUX

4. FAUX

5. VRAI

6. FAUX

Chapitre 18: Une Excursion en Montagne

1. b)

2. e)

3. c)

4. a)

5. d)

6. f)

Chapitre 19: Apprendre à Danser la Salsa

1. a)

2. a)

3. c)

4. c)

5. c)

6. b)

Chapitre 20: Une Journée Pluvieuse à la Maison

1. b)

2. a)

3. a)

4. b)

5. c)

6. a)